Vente du Mercredi 1er Avril 1863

COLLECTION

DE

M. LOUIS VIARDOT

Me Ch. PILLET, Commissaire-Priseur

M. Ferd. LANEUVILLE, Expert

PARIS. IMPRIMERIE DE PILLET FILS AINÉ
5, RUE DES GRANDS-AUGUSTINS.

CATALOGUE

DES

TABLEAUX

ANCIENS

ET DESSINS

FORMANT LA BELLE COLLECTION

DE M. LOUIS VIARDOT

DONT LA VENTE AURA LIEU

HOTEL DROUOT, SALLE N° 5

Le Mercredi 1er Avril 1863

A DEUX HEURES ET DEMIE

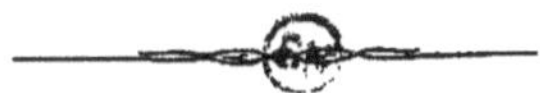

Par le ministère de Me **CHARLES PILLET,** Commissaire-Priseur,
rue de Choiseul, 11,

Assisté de M. **Ferdinand LANEUVILLE,** Expert, rue Neuve des Mathurins, 73

Chez lesquels se distribue le présent Catalogue.

EXPOSITIONS { Particulière, le Lundi 30 Mars 1863,
Publique, le Mardi 31 Mars 1863,

de une heure à cinq heures.

CONDITIONS DE LA VENTE

Elle sera faite au comptant.

Les acquéreurs payeront, en sus des adjudications, *cinq pour cent*, applicables aux frais.

Le présent Catalogue se trouve :

Chez MM.

A Paris,	**Charles Pillet**, commiss.-priseur, rue de Choiseul, 11.
»	**F. Laneuville**, expert, rue Neuve-des-Mathurins, 73.
»	**Tencé**, rue Sainte-Anne.
Londres,	**Colnaghi**, Pall-Mall-East, 14.
»	**Farrer**, New-Bond Street.
Bruxelles,	**Étienne Leroy**, place du Grand-Sablon, 12.
Berlin,	**Arnold**, unter den Linden, 21.
Francfort-s-M,	**Lœvenstein** frères, Zeil, 57.
Milan,	**Vallardi.**
Vienne,	**Artaria** et Cie.
Florence,	**Baldi.**

Paris. Imp. Pillet fils aîné, rue des Grands-Augustins, 5.

AVERTISSEMENT

Nous allions écrire une courte préface pour le Catalogue de cette collection, lorsque nous avons lu, dans la *Chronique des Arts et de la Curiosité*, que publie chaque semaine la *Gazette des Beaux-Arts*, l'article suivant. Notre préface était faite. M. Charles Blanc dit ce que nous voulions dire, et mieux que nous ne pouvions espérer de le dire après lui.

F. Laneuville.

LA GALERIE VIARDOT

La plus grande artiste de nos scènes lyriques, Pauline Viardot, se dispose à quitter le théâtre, et Paris, et la France. Le charmant hôtel qu'elle occupait à l'extrémité de la rue de Douai, près de la place Vintimille, va être mis en location. Cet hôtel se terminait autrefois par une grande serre dont la toiture vitrée

> Recélait le printemps au milieu des hivers,

alors que Paris finissait là, et qu'il n'y avait autour de cette dernière maison que des murs ou des terrains vagues. Depuis, M. Viardot avait transformé la serre de son hôtel en un cabinet de tableaux, préférant aux jardins factices les vrais paysages de Ruysdaël, les dunes de Wouwermans, les délicieuses nuits de Van der Neer et le mystère des forêts profondes de Waterloo. Commencée il y a plus de vingt ans, la collection de

M. Viardot s'était enrichie peu à peu jusqu'à devenir une galerie. Profitant des connaissances qu'il avait acquises dans ses voyages et des études qui avaient préparé la publication de ses livres sur les musées de l'Europe, le judicieux critique n'avait porté son choix que sur des morceaux excellents, d'une authenticité incontestable et d'une belle conservation. Les maîtres italiens, les grands maîtres de la forme et du style, ont toujours les préférences d'un esprit élevé : mais ces maîtres sont rares, et leurs ouvrages, presque toujours de grande dimension, ne peuvent guère trouver place que dans les musées. M. Viardot s'est donc rejeté sur les peintres hollandais, si chers à tous ceux qui aiment la peinture pour la peinture, et sur les artistes espagnols, qu'il avait appris à connaître depuis longtemps, ayant commencé son éducation par l'étude de Velazquez, à une époque où ce fier maître était à peu près inconnu en France.

Au moment de se retirer à Bade, M. et Mme Viardot vendront, avec leur hôtel, les précieuses peintures qui s'y trouvaient si bien logées. Il ne doit pas être plus cruel de s'en séparer que d'abandonner une carrière où l'on a continué les triomphes de Malibran. Bientôt, sans doute, un catalogue nous donnera la liste et la description des tableaux que l'enchère va disperser; mais nous pouvons, dès à présent et de souvenir, mentionner les principales œuvres de la vente future.

En fait d'espagnols, nous y avons vu un Ribera, un Zurbaran, et un des étonnants portraits de cette infante au menton pesant, aux joues enluminées, à l'œil noir, que Velazquez a plusieurs fois répétés et dont le Louvre possède un exemplaire avec différences (1).

(1) Le portrait du Louvre est celui de l'infante Marguerite, seconde fille de Philippe IV. Le portrait de la collection Viardot est celui de l'infante Marie-Thérèse, fille aînée de Philippe IV, mariée à Louis XIV.

L'école de Hollande y est représentée par ses maîtres les plus aimables et par des échantillons exquis. Il n'est guère d'amateur à Paris qui n'ait visité la galerie de M. Viardot, et qui ne se souvienne d'y avoir admiré l'Ostade de la vente Van den Schrieck, une des merveilles de ce peintre prodigieux, qui au cabaret le plus misérable donne la valeur d'un trésor. On connaît les cavalcades d'Albert Cuyp et ses paysages pris au bord de la Meuse, réchauffés par le soleil de trois heures; mais il est rare qu'on rencontre, signés de lui, une scène familière, un intérieur, et cette rareté donne un prix et un charme de plus au grand tableau de Cuyp que possède M. Viardot, et où l'on reconnaît le portrait de l'artiste avec celui de son père. Les Gérard Dow, les Gérard Terburg, les Gabriel Metsu, les Gaspard Netscher, ce sont là des morceaux dont les passages délicats, les fines intentions et les fins détails échappent en vérité à toute description. Il en faut dire autant de Van der Neer, de Wouwermans, de Guillaume Van de Velde, peintres privilégiés, qui ont eu le secret de faire toute leur vie le même tableau, et d'y être charmants de mille manières. Quant aux Ruysdaël, ils sont ici de genre très-différent : l'un représente un de ces torrents peu profonds qui se heurtent à des pierres sur la lisière d'un bois; l'autre est un *Champ de blé* dont les épis mûrs sont redorés encore par un rayon de soleil; le troisième est une de ces *Entrées de forêt* où s'enfoncent les rêveurs, et qui contiennent plus de poésie que la nature elle-même, parce que l'âme d'un poëte y a passé (1).

Les Flamands ne sont pas des peintres de chevalet, à l'exception de Breughel, de Teniers, de Paul Brill; mais en revanche, Teniers vaut à lui seul toute une école.

(1) De ces trois tableaux de Ruysdaël qui ont fait partie de la collection, un seul s'y trouve encore.

Les *Singeries* ne sont pas, à beaucoup près, ce que nous aimons le plus dans son œuvre, et le meilleur de ses morceaux, dans la galerie, est un tableau qu'il a refait plusieurs fois avec des changements, et toujours à ravir, — on en voit une superbe variante dans la galerie de Morny, — c'est une réunion d'armures et de harnois, casques à plumes, cuirasses, selles de velours à clous dorés, que l'on regarderait des heures entières s'il n'y avait sur la toile quelques figures pleines de vie et d'esprit.

On remarque auprès de ces Teniers quelques tableaux extrêmement rares; je ne parle pas de Jean Fyt ni de Kalf, je parle de Brouwer et aussi d'un bel intérieur d'église, par Antoine Delorme, peintre à peu près inconnu, dont le nom ne se trouvait nulle part, et qu'il a fallu introduire dans l'Appendice à l'*Histoire des peintres hollandais*. Un Otto Marsœus (ou Marcelis) peut être considéré aussi comme une rareté, d'autant que le tableau est ici important, pur, et d'une touche admirable dans les papillons, les insectes et les fleurs.

Un Guaspre, un étincelant Guardi, un Giotto enfin, tout surpris de se trouver en pareille compagnie, complètent cette collection sévèrement choisie, lentement épurée et conservée avec un soin religieux. Déjà nous prenions nos mesures pour ajouter la galerie Viardot à la série des galeries privées dont la *Gazette des Beaux-Arts* a entrepris la publication et la gravure. Cela nous fait regretter doublement la dispersion de ces tableaux, que nous n'aurons plus à décrire, et que sans doute nous ne reverrons plus.

Charles Blanc.

TABLEAUX

TABLEAUX ANCIENS

BERGHEM (Nicolas)

1 — Paysage avec animaux.

Deux vaches et quatre moutons, gardés par un berger et son chien, viennent s'abreuver dans une source, au pied d'une roche couronnée d'arbres.

Bois. Haut. 38 cent.; larg. 52 cent.

La signature qui se lit au bas, à droite, constate l'authenticité du tableau, où l'on trouve d'ailleurs, dans les animaux, les terrains, les horizons, les arbres et les ciels, la manière chaude et lumineuse et les aspects de la nature méridionale qu'adopta Berghem après son retour d'Italie, et qui lui donnent, comme à Jean Both et Karel-Dujardin, un caractère particulier parmi les peintres de la Hollande.

BRAUWER (Adrien)

2 — **Un Buveur.**

Petit, mais suffisant échantillon du talent de ce malheureux artiste, mort à vingt-huit ans dans un hôpital, et que Rubens fit enterrer à ses frais. Avec une vie plus longue, il fût resté le rival d'Ostade et de Teniers, qu'il précéda, auxquels il ouvrit un genre nouveau.

Bois. Haut. 15 cent.; larg. 12 cent.

BREUGHEL (Jean, de Velours)

3 — **Paysage.**

Le contraste entre le ton rosé des fabriques et le vert foncé des arbres donne beaucoup de charme à cette petite composition, intéressante encore en ce qu'elle nous montre un manoir seigneurial du temps, avec son lac et son parc. Les figures sont de la main de Breughel, qui, différent de la plupart de ses contemporains ou successeurs, n'avait à demander l'assistance de personne.

Bois. Haut. 36 cent.; larg. 48 cent.

BRILL (Paul)

4 — **Moïse sauvé,** paysage historique.

Paul Brill est l'un des créateurs du paysage, du tableau où la nature est le sujet principal. Il est le précurseur immédiat de notre Claude Gelée. Mais, travaillant en Italie comme l'illustre Lorrain, il n'osait point encore peindre le paysage pour lui-même, sans en faire le théâtre de quelque action humaine. Dans celui-ci, il a placé l'histoire de Moïse enfant. Cette belle dame en costume du seizième siècle, à qui l'on présente le berceau du nouveau-né, c'est la fille du Pharaon; cet étang bordé de chênes, c'est le fleuve du Nil; cette ville flamande échelonnée sur le flanc d'une montagne, c'est Memphis. Peu importe. Dans cette peinture soignée, harmonieuse, aux horizons lointains, on voit poindre le soleil de Claude.

Bois. Haut. 33 cent.; larg. 42 cent. Ovale.

CUYP (Albert)

5 — Le Mangeur de moules.

Vêtu d'un justaucorps de buffle et le tablier de cuir autour des reins, un forgeron, laissant son enclume, s'est attablé devant un tonneau, et mange des moules, qu'il va bientôt arroser d'un verre de bière. Trois enfants le regardent en riant dépêcher son repas. Un chien est couché devant le tonneau, une poule picore dans les coquilles de moules, et un chat se glisse, méditant quelque mauvais coup. Deux bourgeois, à droite, s'amusent de cette scène, et un autre forgeron, à gauche, range des outils.

Toile. Haut. 89 cent.; larg. 1 m. 09 cent.

Très-connu et très-regretté en Hollande sous le nom du *Mangeur de moules* (*de Mosselen eter*), ce tableau d'Albert Cuyp se recommande par une circonstance singulière : c'est le seul entièrement fermé, c'est-à-dire le seul véritable *intérieur* qu'il ait jamais peint. A la précision singulière du dessin, à la perfection donnée à tous les détails, il est facile de voir que l'universel Cuyp a voulu se mettre en lutte avec les plus célèbres peintres d'*intérieurs*. Il a d'ailleurs donné à ce tableau une marque manifeste de sa préférence en le signant, à gauche, de son nom, et, à droite, de son portrait. C'est le personnage qui montre de la main le forgeron *mangeur de moules* à l'autre personnage, qu'on nomme le *Bourgmestre*, et qui tient un verre de vin du Rhin.

4

CUYP (Albert)

6 — **Le Chasseur endormi.** 800

Un jeune chasseur s'est endormi sur un tertre. Trois chiens sont couchés à ses pieds; un autre fait le guet à quelque distance.

Bois. Haut. 47 cent.; larg. 38 cent.

Ce petit tableau n'est pas signé ; mais, dans la chaude atmosphère du ciel et des lointains, dans le ton des terrains et des arbres, dans le dessin des animaux, dans le coup de soleil qui éclaire le visage du chasseur, il est facile de reconnaître le pinceau souverainement lumineux du maître de Dordrecht.

DE LORME (Antoine)

7 — **Intérieur d'édifice.** 600

Au pied du pilastre à gauche, se lit la signature A. de Lorme et la date 1660. Malgré son nom, de Lorme était Hollandais. Il descendait sans doute, comme K. Dujardin, Mignon, Moucheron, des familles françaises protestantes qui s'étaient réfugiées en Hollande pendant les guerres de religion. de tous les musées de l'Europe, la seule Pinacothèque de Munich possède des œuvres de de Lorme. Sont-elles peu estimées? sont-elles rares? Il faut plutôt croire à cette dernière supposition, car évidemment, si Peter Nefs est plus architecte, de Lorme est plus peintre. On ne saurait ajouter à des lignes architecturales plus de pittoresque, de sentiment, de grasse et onctueuse peinture.

Toile. Haut. 1 m.; larg. 1 m. 06 cent.

Ici les figures sont d'Ochtervelt, le digne élève de Gérard Terburg, presque son rival; en plaçant au premier plan des chiens qui jouent et un enfant qui chevauche sur un bâton, il a clairement marqué que l'on n'est point dans l'intérieur d'un temple, d'un édifice religieux, mais de quelque édifice civil, comme serait le vestibule d'un hôtel de ville ou d'un tribunal.

DOW (GÉRARD)

1720 retiré

8 — Saint Jérôme.

Sous une fenêtre en arcade, ornée de grisailles, un vieillard, nu jusqu'à la ceinture, lit attentivement dans un grand livre qu'il tient ouvert devant lui, des deux mains.

Bois. Haut. 50 c.; larg. 42 cent.

Bien qu'on lise sur le châssis de pierre de la fenêtre, à droite, une belle signature; bien qu'on trouve, à gauche, comme une seconde signature dans le pot de tulipes si cher au peintre, on pourrait douter, au premier regard, que ce *Saint Jérôme*, modelé comme eût fait Corrége, fût l'œuvre de Gérard Dow. Il faut, pour s'en convaincre, avoir connu les tableaux du même genre que possède la Hollande, dans ses musées et ses cabinets; il faut savoir qu'avant d'adopter la manière très-fine, très-minutieuse, un peu dure et sèche, sous laquelle on le voit habituellement, Gérard Dow avait d'abord employé une manière plus ample, plus moelleuse, plus chaude, plus magistrale enfin. C'était au sortir de l'atelier de Rembrandt; et alors il ressemblait davantage à son illustre maître, il en était mieux l'un des plus dignes élèves. Ce *Saint Jérôme* appartient à cette première période de la vie de Gérard Dow.

FYT (Jean)

9 — **Perdrix mortes.**

Vigoureux spécimen de ce peintre qui, si Jean Weenix est le Gérard Dow du genre, pourrait en être appelé le Rembrandt.

Toile. Haut. 34 cent.; larg. 45 cent.

GIOTTO (Angiolo di Bondone)

10 — L'Adoration des Mages et Jésus parmi les docteurs.

Ces deux petits panneaux allongés étaient les volets d'un triptyque dont le panneau central a disparu. On y reconnaît sans peine, dans la disposition des groupes, qui n'est plus celle des Byzantins, dans les types, les physionomies, le dessin, la couleur, la perspective et les plis des draperies, le grand et universel artiste de la primitive renaissance, celui qui affranchit l'art du dogme, et que ses contemporains étonnés nommèrent l'*inventeur de l'expression.*

Bois. Pour chaque panneau : Haut. 42 cent. ; larg. 19 cent.

Cette précieuse relique, conservée jusqu'à nos jours dans une famille de Florence, est d'une étonnante fraîcheur pour une vieillesse de cinq siècles et demi.

GUARDI (Francesco)

11 — Vue de la Dogana et de la Salute de Venise.

Dans cette vue de Venise, — œuvre importante du meilleur élève d'Antonio Canale, devenu célèbre et recherché à l'égal de son maître, — Guardi a sacrifié la vérité au pittoresque ; il a accourci et coupé la langue de terre où se trouvent l'hôtel de la Douane et l'église de la *Salute*, pour lui donner la forme d'une île et l'entourer de toutes parts par l'eau des lagunes.

Toile. Haut. 37 cent. 1/2 ; larg. 80 cent.

INCONNU

12 — Cuisine et Cuisinière.

On peut supposer que ce petit tableau est l'œuvre d'un peintre allemand, imitateur des Hollandais.

Bois. Haut. 29 cent. ; larg. 23 cent.

KALF (Willem)

13 — Une Cuisine.

Si, dans l'art de la peinture, les rangs se donnaient par la nature des sujets, Kalf, avec ses *cuisines* et ses *légumes*, serait le dernier des peintres. Et pourtant il n'est pas seulement un artiste complet, le premier du genre; par l'arrangement et le rendu des humbles objets qu'il imite, par le choix des tons et des nuances, il sait, tout le monde en convient, s'élever jusqu'à la poésie.

Toile. Haut. 31 cent.; larg. 25 cent.

Signé sur une marche d'escalier, à gauche.

---

14 — Madone florentine du XVIe siècle.

Il est naturel d'attribuer cette madone sans le *Bambino* à l'école de Florence et à l'époque comprise entre Raphaël et Carlo Dolci. Mais on ne saurait en nommer l'auteur avec certitude. Le cadre est du même temps, et rehausse les mérites de la peinture.

Toile. Haut. 57 cent.; larg. 40 cent.

MARSŒUS (Otto)

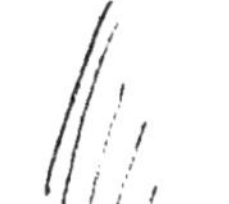

15 — **Reptiles et Papillons.** 365

Tandis que plusieurs papillons étalent, en voltigeant, leurs ailes diaprées, un serpent, caché sous une plante aux feuilles piquantes, se jette sur un lézard, qui fuit à son aspect.

Toile. Haut. 67 cent.; larg. 54 cent.

Marsœus est le vrai nom du maître que nous appelons Marcelis, et qui s'est contenté d'ordinaire de peindre, sur de petits panneaux d'un pied carré, des reptiles, des insectes, des plantes sauvages et vénéneuses. Ce tableau est donc aussi remarquable, dans son œuvre, par une dimension inaccoutumée que par une perfection plus rare. On lit au milieu du tableau la signature *Otto Mar...*, et, plus loin à droite, la date 1660. Marsœus a précédé les Mignon, les Van Huysum et les Rachel Ruysch.

METSU (GABRIEL)

3900 16 — **La Cuisinière hollandaise.**

Une cuisinière, jeune, jolie et proprette, montre en souriant des poissons qu'elle a fait frire. Deux bécasses sont suspendues au-dessus de la rôtissoire.

Toile. Haut. 37 cent. 1/2; larg. 31 cent.

Cette charmante page d'un maître dont les œuvres sont aussi rares qu'excellentes, porte sa signature en haut à gauche. Conservation parfaite : nulle retouche ; cadre riche.

Collections de la princesse Augustine de Nassau, *comtesse de Bismarkt*, Carlsruhe. — *Van den Schrieck*, Louvain, 1861.

Supplément au *Catalogue raisonné* de Smith, p. 521, n° 17.

MIGNON (ABRAHAM)

425 17 — **Grappes de fruits et de fleurs.**

Cette toile ne porte aucune signature ; mais on ne saurait l'attribuer à nul autre peintre qu'Abraham Mignon. C'est son arrangement ingénieux, où il sait, mieux que ses rivaux, distribuer la lumière et le clair-obscur; c'est sa manière fine et chaude; ce sont enfin ses habitudes, et, par exemple, celle de placer quelques grains malades dans ses grappes de raisin.

Toile. Haut. 65 cent.; larg. 52 cent.

MOLENAER

18 — **Les Chanteurs ambulants.**

Tandis qu'un paysan jovial rit aux facéties des chanteurs, montés sur un tonneau, un filou lui soustrait sa bourse.

Bois. Haut. 40 cent.; larg. 51 cent.

Ce tableau a longtemps passé pour être l'œuvre d'Isaac Ostade. On était trompé par la similitude du sujet, par l'imitation intelligente de la manière. Il faut le rendre à Molenaer.

NETSCHER (Gaspard)

19 — La Dame au perroquet.

Le monogramme qu'on lit sur ce tableau est composé des lettres *C* et *N*. Comme Gaspard Netscher était Allemand, né à Heidelberg, son prénom s'écrivait et se prononçait Caspar. Il pouvait donc signer C. N. Cette signature pourrait être aussi celle de son fils, Constantin Netscher. Mais le tapis, la cage, les objets divers qui font la partie principale de ce petit tableau, ne paraissent pas avoir pu être tracés par Constantin. Ils semblent avoir exigé le pinceau de Gaspard.

Toile. Haut. 36 cent.; larg. 30 cent.

OSTADE (Adrien Van)

20 — Le Concert dans la ferme.

Deux musiciens ambulants, un long et maigre vielleux, un petit garçon qui tient un violon démesuré pour son bras, régalent de leur musique les habitants d'une ferme. Ils ont pour auditeurs un paysan goguenard, un boucher musculeux, un franc vaurien qui allume sa pipe, dont la fumée couvre les mains d'un bonhomme grisonnant et d'une matronne qui se lèvent pour danser. Deux autres couples s'entretiennent dans le fond, tandis qu'un chien s'éveille au bruit du concert, et qu'un énorme cochon, que rien ne dérange, fouille dans les ordures.

Bois. Haut. 45 cent.; larg. 59 cent.

Ce tableau capital, qui réunit jusqu'à onze figures groupées, est daté de 1643. Ostade avait trente-trois ans quand il le peignit. C'est l'âge où un peintre atteint d'ordinaire toute la plénitude de son talent sans avoir encore celle de sa célébrité. Il a, comme on dit, sa réputation à faire; il travaille avec soin et conscience; il ne s'abandonne pas encore à la facilité d'une manière acquise pour satisfaire à toutes les commandes. C'est donc habituellement une bonne époque, et peut-être la meilleure dans la vie d'un artiste : celle du commencement des chefs-d'œuvre.

D'une conservation rare, d'une pureté merveilleuse, ce tableau d'Ostade a traversé les collections *Pierre Loquet*, Amsterdam, 1783; *de Calonne*, Paris, 1788; *Montaleau*, Paris, 1802; *Christie*, Londres, 1807; *Van den Schrieck*, Louvain, 1861.

Il est cité dans le *Catalogue raisonné* de Smith, tome Ier, p. 135, et dans le *Supplément* au même catalogue, p. 97, n° 57.

OSTADE (Adrien Van)

21 — Paysan à sa fenêtre.

Celui-ci ne porte pas une date exprimée en chiffres, comme le précédent. Mais il appartient évidemment à l'époque un peu postérieure où le maître avait atteint sa dernière habileté de pinceau et sa dernière puissance de coloris. Devant cette page vigoureuse, devant cette figure avinée et comme frappée d'un coup de soleil, on peut répéter hardiment que, si David Teniers offre dans ses petits cadres tout l'épanouissement de Rubens, Ostade offre dans les siens toute la concentration de Rembrandt.

Bois. Haut. 27 cent.; larg. 21 cent.

Collections *Brentano*, Amsterdam, 1832. — *Van den Schrieck*, Louvain, 1861.

Cité au *Supplément* du *Catalogue raisonné* de Smith, p. 80, nº 4.

POELENBURG (Corneille)

22 et 23 — Deux pendants.

Ces deux petits panneaux ne se correspondent que par la dimension et les cadres. L'un, *Apollon poursuivant*

Daphné, n'a que de petites figurines dans un paysage verdoyant; l'autre, sur un fond de nuance plus pourprée, réunit deux femmes de plus haute stature. On reconnaît d'ailleurs, dans l'un et l'autre, la touche fine, délicate et chaude qu'apporta d'Italie aux Pays-Bas ce précurseur des *petits maîtres* hollandais. Cadres sculptés anciens.

Bois. Haut. 15 cent. 1/2; larg. 14 cent.

POUSSIN (Gaspard)

24 — **Paysage historique.** 380

Aux édifices d'une grande ville qui s'aperçoivent dans le lointain, et parmi lesquels on reconnaît le château Saint-Ange; au fleuve qui semble enfermer cette forteresse dans ses détours, et qui est le Tibre; à la noble simplicité des lignes, à l'ampleur des tons et du style, qui rappellent l'école du grand Poussin, on voit que ce paysage doit s'appeler une *Vue de la campagne de Rome*.

Toile. Haut. 48 cent; larg. 64 cent.

REYNOLDS (William)

25 — Vue d'une chapelle aux environs de Londres.

Dans ce curieux et intéressant spécimen des peu nombreuses peintures qu'a laissées le graveur William Reynolds, on trouve non-seulement la touche ferme et accentuée de l'autre Reynolds, le grand portraitiste, mais encore une fidèle reproduction de la nature anglaise, avec son ciel pâle et sa verdure sombre.

Toile. Haut. 45 cent. ; larg. 30 cent.

RIBERA (José de)

26 — Platon.

On sait que Ribera a fait plusieurs séries de têtes d'étude, ou plutôt de caractère, telles que les *Apôtres* et les *Philosophes mendiants*. Ce personnage est de la série des *Philosophes*. Le livre qu'il tient à la main, *Liber de Ideis*, l'a fait nommer Platon. Ribera lui a donné une noblesse de physionomie, une dignité de maintien, qui sont rares dans son œuvre. Il lui a donné aussi une marque éclatante de sa préférence en inscrivant sur le dos d'un livre, à gauche, sa signature, non moins rare : *Giuseppe Ribera, Español.* Ce prénom italien et ce surnom qui le fit appeler *lo Spagnoletto*, indiquent que le tableau fut peint à Naples, à la meilleure époque du maître.

Toile. Haut. 1 m. 18 cent.; larg. 89 cent.

RUYSDAEL (Jacques)

27 — **Après l'orage.** 6550

Tel est le nom donné à cette précieuse composition de Ruysdaël, où l'on voit une route bordée d'arbres qui vient d'être inondée par la pluie. Un berger la traverse comme à gué avec quelques moutons. C'est le moment où l'orage a cessé. Sans doute le peintre, ayant eu ce spectacle sous les yeux, l'aura traduit immédiatement sur la toile. Aussi la poésie du tableau se forme-t-elle d'une vérité saisissante, d'un parfait accord entre le ciel, la terre et les eaux.

Toile. Haut. 48 cent.; larg. 64 cent.

Collections *Henry Farrer*, Londres. — *Van den Schrieck*, Louvain.

RUYSDAEL (Salomon)

28 — Un Hameau.

Des enfants et des cochons jouent sur une route, devant quelques masures.

Toile. Haut. 45 cent.; larg. 52 cent.

Le nom de Salomon Ruysdaël se lit au bas et au milieu de ce tableau, où l'on retrouve, en effet, dans le ton général, dans le ciel et les arbres, la manière du frère aîné de Jacques Ruysdaël. Cependant il pourrait être l'œuvre de Pierre Molyn, qui fut le maître de Salomon et de Van Goyen. C'est un sujet qui rappelle ses dessins et ses eaux-fortes.

TENIERS (David, le fils)

29 — Corps de garde.

Ce tableau devrait plutôt se nommer, comme en Espagne et en Italie, une *armeria*. Ce sont, en effet, les armes et les armures qui paraissent en faire le sujet principal, la partie la plus soignée, la plus originale et la plus curieuse. Toutefois, dans les personnages assez nombreux qui occupent les fonds, et surtout dans les deux fumeurs du premier plan, l'on retrouve la touche et la verve de Teniers, qui, par un singulier caprice, a mis sa signature sur le revers d'un habit militaire, au coin à gauche.

Bois. Haut. 57 cent. ; larg. 86 cent.

TENIERS (David, le fils)

30 — Dîner de singes.

Teniers a varié à l'infini l'œuvre immense qu'il a produit en soixante années de travail. A la place de personnages humains, il a quelquefois mis en scène des singes, et quelquefois il a rassemblé des singes et des chats. Mais il a su donner à ses bêtes autant d'esprit qu'à ses hommes, autant de physionomie, autant de gaieté. Dans ce petit tableau sur cuivre, signé de son monogramme, on trouve cette merveilleuse liberté de pinceau, cette exquise finesse jusque dans les moindres accessoires, qui faisait dire à Greuze : « Montrez-moi une pipe, et je vous dirai que le tableau est de Teniers. »

Cuivre. Haut. 20 cent; larg. 25 cent.

TERBURG (GÉRARD)

31 — Portrait d'un magistrat.

Cette figure si digne, si souriante, si douée de vie, suffirait seule à prouver comment les Hollandais du grand siècle savaient, sous des proportions très-réduites, conserver toutes les qualités et tous les mérites qui ne s'étaient vus jusqu'alors que dans les proportions naturelles ; comment, en un mot, ils savaient *faire grand dans le petit.* Grâce à la noblesse donnée constamment à ses personnages, Gérard Terburg, comme Van Dyck, s'est surtout signalé dans ce genre, et par cette vertu.

Toile. Haut. 33 cent ; larg. 26 cent.

VAN BORSUM (A.)

32 — Vue d'une mare.

La signature placée au bas, à droite, attribue ce petit tableau à Van Borsum, qui a imité d'habitude Van der Neer, et quelquefois Pierre de Hooghe. Ses œuvres sont habituellement données à l'un de ces maîtres plus célèbres.

Toile. Haut. 43 cent. ; larg. 52 cent.

VAN BRUGGEN

33 — **Fleurs et Fruits.** 235

Dans ces guirlandes de fleurs et ces corbeilles de fruits, arrangées avec beaucoup d'art et de goût, on reconnaît la touche fine et vive de Van Bruggen, qui a souvent prêté son aide aux peintres contemporains.

Cuivre. Haut. 15 cent. ; larg. 20 cent. 1/2.

VAN DER NEER (Arendt) 1900

34 — **Clair de lune.** —

Du milieu d'un groupe de nuages à la fois lourds et légers, la lune éclaire un canal et un village hollandais. Par l'effet que produit d'ordinaire la lumière de la lune, il n'y a dans ce petit panneau presque aucune opposition de nuances; mais le ton, bien qu'en quelque sorte monochrome, n'en est pas moins pittoresque, et la profondeur de l'horizon, le silence, le mystère, désignent bien le *poëte des nuits*, dont le monogramme connu se lit sur une pièce de bois, au centre du premier plan.

Bois. Haut. 15 cent. 1/2; larg. 21 cent.

VAN DER NEER (Arendt)

805 35 — **Paysage d'hiver.**

Sur un canal glacé qui traverse un village, des patineurs s'amusent au jeu de *kolven*, c'est-à-dire à chasser une boule avec des bâtons recourbés.

Bois. Haut. 37 cent.; larg. 54 cent. 1/2.

Van der Neer a voué son pinceau à la lune et à la neige. Mais, dans ses *hivers* aussi bien que dans ses *nuits*, il se recommande par les ciels vaporeux, les lointains profonds, la vérité du ton général, et aussi par le mouvement et la vie donnés aux petits personnages qu'il savait, comme Breughel, peindre lui-même sans recourir à l'aide de personne.

Signé à gauche du monogramme ordinaire.

VAN DE WELDE (Willem)

36 — Tempête sur mer.

Des vaisseaux en détresse sont ballottés sur une longue vague qui, déroulant d'un angle à l'autre du tableau sa surface blanchâtre sur une profondeur opaque et brune, indique clairement la sombre et houleuse mer du Nord.

Toile. Haut. 30 cent. ; larg. 49 cent.

Se plaisant davantage à la représentation des *mers calmes*, Van de Welde a rarement peint des *mers agitées*. Mais dans ce genre comme dans l'autre, par la transparence et le mouvement des ondes furieuses, par la légèreté du ciel orageux, par la finesse des agrès des vaisseaux, il se fait reconnaître pour le premier des peintres de marine. Son monogramme est comme porté par une espèce d'épave flottant sur l'eau, à gauche.

VELAZQUEZ (Diego Rodriguez de Silva y Velazquez)

37 — Portrait de Marie-Thérèse d'Autriche.

Une ancienne gravure de ce portrait de la fille aînée de Philippe IV indique que le grand peintre espagnol l'avait représentée en pied, et de grandeur naturelle, à l'âge de treize ou quatorze ans. Elle tenait de la main droite un mouchoir brodé, et, de la main gauche, étendait un éventail le long de sa robe, démesurément enflée par d'énormes paniers. Ce portrait était au palais de Madrid. Lors de la retraite des Français, en 1814, un officier du roi Joseph coupa la tête et le buste dans le tableau original, et rapporta, roulé autour d'un bâton, ce fragment, qui passa dans la collection de M. Didot. Heureusement que, même ainsi mutilé, il forme un portrait complet et excellent. On y trouve toute l'audace du maître qui sait produire sans ombre un modelé puissant, qui met une bouche de jeune fille entre une rangée de rubans roses, qui poétise une perruque, du fard, enfin tous les détails de la plus extravagante toilette.

Toile. 69 cent.; larg. 59 cent.

L'infante Marie-Thérèse d'Autriche est devenue la femme de Louis XIV, la mère du grand Dauphin. Sa sœur cadette, l'infante Marguerite, dont nous avons le portrait au Louvre, a épousé l'empereur Léopold. On voit, par l'âge des deux sœurs, que ce portrait de Marie-Thérèse et celui de Marguerite ont été peints à la même époque de la vie de Velazquez, alors qu'il avait plus de cinquante ans.

WATERLOO (Anthony)

38 — **Forêt.**

Plus connu par ses eaux-fortes, Waterloo n'a laissé que peu de peintures. Celle-ci, qui porte son monogramme au coin de droite, doit être acceptée pour un des rares ouvrages de son pinceau. Elle rappelle parfaitement les sujets habituels de ses eaux-fortes, ainsi que leur manière à la fois naïve et savante.

Toile. Haut. 70 cent.; larg. 97 cent.

WOUWERMANS (Philippe)

39 — **Une Dune de Hollande.**

On sait qu'au sortir de l'atelier de Jean Wynants, Philippe Wouwermans fit des paysages à l'instar de son maître. Ce fin et lumineux petit panneau appartient à cette première et charmante époque de sa vie d'artiste. Sans regarder même au monogramme si connu qui se lit sur une pierre sombre, à droite du premier plan, il suffit d'en observer attentivement les parties — ciel, horizon, terrains, plantes, animaux — pour y voir aussitôt le pinceau fluide, délié et perlé du maitre, pour y reconnaître un de ses bijoux de délicatesse et de vérité.

Bois. Haut. 27 cent. 1/2; larg. 37 cent. 1/2.

Ce petit paysage, qui rappelle celui si vanté de la collection Pierrard, a traversé les cabinets *Pletinks*, Bruxelles, 1826, et *Van den Schrieck*, Louvain, 1861.

TABLEAUX MODERNES

BESSON (Faustin)

40 — Episode du roman de *CONSUELO*,
par George Sand.

C'est la première entrevue de Joseph Haydn et de Consuelo, lorsque, auprès d'une fontaine, le jeune compositeur rencontre la cantatrice endormie.

Toile. Haut. 58 cent.; larg. 38 cent.

CHINTREUIL

41 et 42 — **Deux Paysages,** en pendants.

Esquisses vaporeuses, ces paysages rappellent la manière de Corot.

Toile. Haut. 30 cent.; larg. 40 cent.

AQUARELLES

CHARLET

43 et 44 — **Troupe en marche** et **Camp de cavalerie**, dessins à la sépia.

Ces deux dessins lavés furent faits en 1833, pour Armand Carrel. Signés et datés, ils appartiennent au meilleur temps et au meilleur *faire* de Charlet, qui voulait offrir à l'éminent publiciste, son ami, un présent digne de l'un et de l'autre.

Haut. 17 cent.; larg. 27 cent.

45 — **Gouache italienne.**

Par ses lointains profonds, ses eaux, ses fabriques, ses massifs d'arbres au premier plan, cette ancienne gouache rappelle la composition et la manière de Claude.

Haut. 35 cent.; larg. 57 cent.

DESSINS

---

46 — **Dessin d'Andrea del Sarto.**

C'est l'esquisse ou la reproduction du principal personnage d'un célèbre tableau du musée de Berlin, qui représente la *Vierge glorieuse* assise entre deux groupes de bienheureux, et que l'on nomme la *Madone aux six saints*.

47 — **Dessins originaux.**

Lot de trente-cinq dessins, attribués à Jules Romain, Andrea del Sarto, Tintoret, Van Dyck, etc.

---

350 **48 — Grand vase de porcelaine**

provenant de la manufacture impériale de Tzarskoë-Célo.

La peinture est une copie d'un portrait de Rembrandt qui est au musée de l'Ermitage, et qu'on nomme à Saint-Pétersbourg la *Mère de Rembrandt.*

Lepautre ?

3010 2 vases terre-cuite ornés de haut-reliefs mythologiques

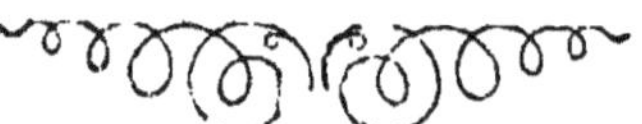

www.ingramcontent.com/pod-product-compliance
Lightning Source LLC
LaVergne TN
LVHW020253230826
846091LV00006B/2398

* 9 7 8 2 3 2 9 5 2 9 9 8 1 *